Rudolf Schneider

Ilerda

ein Beitrag zur römischen Kriegsgeschichte

Rudolf Schneider

Ilerda

ein Beitrag zur römischen Kriegsgeschichte

ISBN/EAN: 9783743679528

Hergestellt in Europa, USA, Kanada, Australien, Japan

Cover: Foto ©ninafisch / pixelio.de

Weitere Bücher finden Sie auf **www.hansebooks.com**

ILERDA.

EIN BEITRAG

ZUR

RÖMISCHEN KRIEGSGESCHICHTE.

VON

RUDOLF SCHNEIDER.

MIT EINER KARTE VON H. KIEPERT.

BERLIN.

WEIDMANNSCHE BUCHHANDLUNG.

1886.

Inhalt.

Vorwort.

Cäsars glänzender Feldzug in Catalonien ist in geistvoller Weise dargestellt worden von Guischard, dem genialen und scharfsinnigen Freunde Friedrichs des Grossen. Leider beruhen seine Untersuchungen auf einem mangelhaften Texte und auf schlechten Karten, wodurch natürlich, besonders im zweiten Teile, falsche Ergebnisse herbeigeführt wurden, aber trotzdem besitzt dieses Buch auch heute noch einen sehr bedeutenden Wert, der, wie mir scheint, nicht genügend anerkannt ist.

Dafür haben die Forschungen des Generalmajors v. Göler in den weitesten Kreisen lebhafte Teilnahme, vielfach sogar Bewunderung gefunden. Mir scheint diese übertriebene Wertschätzung v. Gölers deshalb tadelnswert, weil dadurch die Verdienste Anderer, hier Guischards, für den gallischen Krieg die des Kaisers Napoleon, ungebührlich verdunkelt werden. Um die Verbreitung der Kenntnisse von den römischen Kriegsaltertümern hat sich v. Göler gewiss sehr verdient gemacht, mehr als irgend ein Anderer, aber zur Vertiefung derselben hat er nur wenig beigetragen: es fehlt ihm an Scharfblick und an der sicheren Urteilskraft, ohne welche alle Gelehrsamkeit, die man an einem Offizier bewundern wird, unfruchtbar bleibt. Weil man seine Untersuchungen ohne auf Schwierigkeiten zu stossen liest, meint man wohl, es sei Alles in guter Ordnung, beson-

ders da Text und Karten sich immer im Einklang be-
finden; dieser Eindruck beruht aber auf einer Selbst-
täuschung des Verfassers, von welcher der Leser leicht
angesteckt wird. Macht man sich einmal frei, um selber
seinen eigenen Weg zu gehen, so schwinden oft die vor-
her so klaren Linien zusammen, und man findet sich gar
nicht mehr in das Bild hinein. Glückliche Einfälle und
bedenkliche Irrtümer stehen in den Schriften v. Göler's
überall dicht beieinander, man muss also nachträglich an
seinen Arbeiten die Kritik ausüben, die der Verfasser
selbst, zu seinem Schaden, anzuwenden unterlassen hat.*)
    Für meine eigene Untersuchung fürchte ich weniger
den Vorwurf der Kritiklosigkeit als das Gegenteil, dass
man es dem Philologen verargen wird, über Dinge zu
urteilen, die ausserhalb seiner Sphäre liegen. Dagegen
möchte ich zu meiner Rechtfertigung anführen, dass ich
in allen geographischen, militärischen und technischen
Fragen mir überall dort Rats erholt habe, wo solcher zu
finden war; dass ich nur das aufgenommen habe, was
auch der Laie verstehen kann und dass ich nachträglich Belehrung von fachmännischer Seite ebenso bereit-
willig annehmen werde, wie ich sie bisher angenommen
habe. Ich beabsichtigte nur, meine Fachgenossen über
den Verlauf dieses Feldzuges aufzuklären, sollten auch
Militärs an dieser Darstellung Gefallen finden, so ver-
danke ich dies der überaus freundlichen. Unterstützung,
die mir von militärischer Seite zu teil geworden ist.

---

*) Vgl. Zeitschrift für das Gymnasialwesen 1886, Jahres-
berichte (Juli-August-Heft).

Übergang des Fabius über die Pyrenäen.

Als Cäsar im Frühling des Jahres 49 v. Chr. nach den fruchtlosen Verhandlungen mit dem Senat Rom verliess, um gegen die pompejanischen Legionen in Spanien zu Felde zu ziehen, sah er sich unterwegs durch den Widerstand der festen Stadt Massilia aufgehalten. Er gab nun seinem Legaten C. Fabius Befehl, schnell mit den drei Legionen, die bei Narbo Martius (Narbonne) im Winterquartier lagen, die Pyrenäenpässe dem Feinde zu entreissen, andere Legionen, deren Winterlager weiter von Spanien entfernt waren, wurden beordert nachzurücken.

Es kann damals dem Fabius schwerlich bekannt gewesen sein, dass die Pompejaner bei Ilerda, auf dem rechten Segreufer, Stellung nehmen wollten; Fabius wird also nicht den geraden, aber mühsamen Weg zwischen Perpignan und Lerida eingeschlagen haben, der am Tet aufwärts, durch den Col de la Perche ins Segrethal führt (6 Märsche bis Séo d'Urgel, 12 bis Lerida), sondern er wandte sich gewiss, da ihm Eile zur Pflicht gemacht war, auf die bequemste aller Pyrenäenstrassen, über den Col Pertus, die von den Römern viel benutzt worden ist und im Mittelalter, wo sie Sommeport genannt wurde, den Haupthandelsweg der Halbinsel bildete.*) Die Strasse führt von Perpignan am Tet

---

*) A. v. Roon, die iberische Halbinsel, eine Monographie aus dem Gesichtspunkte des Militairs. Berlin 1839. S. 100.

über le Boulou am Tech (1 Marsch), Bellegarde und den Col Pertus, hinab nach la Junquera, Figueras, Bascara am Fluvia nach Gerona (Gerunda bei den Alten) am Ter, zusammen 4 Märsche. In $1\frac{1}{2}$ Märschen erreicht man den Pass, von da in einem Marsch Figueras und dann in $1\frac{1}{2}$ Märschen Gerona. Von Perpignan bis Boulou zieht die Strasse durch die paradiesische Ebene von Roussillon; kurz vor Boulou steigt man über die erste, niedrige, rebenbepflanzte Bergzunge ins Tech-Thal; aber nun folgt plötzliches Aufsteigen in vielen Windungen, durch das enge Defilee von l'Ecluse (Clausura), zum Col Pertus. Der Südabfall dagegen ist weder steil noch wild; bei Junquera hat man bereits die eigentlichen Pyrenäen überstiegen, da die Hauptkette hier zwischen Bellegarde und Junquera nur etwa eine Meile breit ist; bei la Junquera betritt man schon die Bergterrasse Cataloniens. Die Höhen sind hier mit Korkeichen bedeckt, die Thäler angebaut. Wenn nicht der Tech austritt, so sind bis Junquera keine Schwierigkeiten. Die herrliche Strasse ist an gefährlichen Stellen mit Seitenmauern versehen. Bei Junquera aber wird der Weg schlechter, überschreitet viele Schluchten und Regenbetten; zahlreiche Felsblöcke in der Nähe liefern das Material ihn zu verderben.

Von Gerona nach Lerida führt die direkte Route über Vich, Manresa und Agramunt (8 Märsche), dieser Weg ist aber sehr beschwerlich.*) Vorzuziehen ist der Umweg über Barcelona (3 Märsche) und von da bis Lerida (6 Märsche). Somit erfordert dieser längste Weg, über den Col Pertus und Barcelona nach Lerida (13 bis 14 Märsche) nur einen, höchstens zwei Marschtage mehr als die Strasse über den Col de la Perche.

---

*) v. Roon a. a. O. S. 258.

Die Gefahren eines Pyrenäenüberganges sind selbst in ungünstiger Jahreszeit nicht so bedeutend, wie man sich dieselben meist denkt.*) Die Division Souham feierte den 1. Januar 1810 im Hochgebirge, wo der Ter entspringt, à la belle étoile, wie es die Franzosen nannten, ohne sonderlich von der Kälte zu leiden. Nur um die Mittagsstunden zwischen 12 und 2 Uhr meiden es die Gebirgsbewohner, die Puertos oder Passages zu passieren, da um diese Zeit der Wind, der oben immer ziemlich heftig weht, sich zu ungemeiner Stärke erhöbe und häufig die Saumtiere samt den Treibern in die Tiefe stürze. Im Winter sollen besonders um diese Zeit die sogenannten Congeres (Windlawinen) entstehen, die, wenn sie den Reisenden ereilen, ihn unbedingt in Wirbeln von Schnee ersticken. Verheerende Schneelawinen sind kaum zu befürchten, desto furchtbarer sind die sogenannten Wasserlawinen (avalanches d'eau),**) welche nach heftigen Gewittern oder plötzlich eintretender Schneeschmelze entstehen, indem die starke Neigung der sonst trockenen, nur mit wasserlosen Regenspalten versehenen Bergflächen ein allmähliches Abfliessen unmöglich macht. Durch diese Wasserlawinen werden jedoch natürlich mehr die Ebenen am Fusse der Pyrenäen als die Pässe selbst gefährdet; der Übergang kann also, bei der schwachen Verteidigung des Feindes, den Legionen des Fabius trotz der frühen Jahreszeit keine zu grossen Schwierigkeiten bereitet haben.

---

*) H. v. Brandt, über Spanien, in besonderer Hinsicht auf einen etwanigen Krieg. Berlin 1823.
**) v. Roon, a. a. O. S. 73.

Das Lager des Fabius.

Die Legaten des Pompejus hatten beschlossen, fünf von ihren sieben Legionen bei Ilerda (Lerida) unter dem Commando des Afranius und Petreius zu vereinigen, Varro sollte mit den übrigen beiden Legionen die jenseitige Provinz decken. Bedeutende Aushebungen von Reitern und Fusstruppen in beiden Teilen Spaniens verstärkten ihr Heer, und sie glaubten nicht ohne Grund, damit die treffliche Verteidigungsstellung am Sicoris (Segre) halten zu können, bis Pompejus die Streitkräfte aus dem Orient an sich gezogen habe. Cäsars Heer war an Zahl etwa gleich stark: er hatte eine Legion mehr, aber seine leichten Fusstruppen waren erheblich schwächer; jedoch war er auch wieder durch seine Reiterei den Feinden sehr überlegen. Zwar die Anzahl war nicht sehr verschieden, aber die Brauchbarkeit: die gallischen Reiter Cäsars zeichneten sich bei jeder Gelegenheit durch Geschick und Entschlossenheit aus, sie haben sehr erheblich zum Erfolge beigetragen; die Pompejaner aber hatten von ihrer Reiterei wenig Vorteil, es gilt auch von ihr, was H. v. Brandt*) von ihren Nachkommen zur Zeit der napoleonischen Feldzüge sagt: „die spanische Reiterei ist höchst erbärmlich. Sie hat im letzten Kriege fast immer nur dazu getaugt, die eigenen Truppen umzureiten."

Die Pompejaner hatten bei Ilerda ihr Lager aufgeschlagen, die Brücke bei der Stadt bildete ihre Verbindung mit der fruchtbaren Ebene östlich von Ilerda.

---

*) H. v. Brandt. über Spanien. S. 92.

Fabius setzte gleichfalls über den Segre und schlug in ziemlicher Entfernung von der Stadt sein Lager auf, es scheint, er hatte vom Oberfeldherren Auftrag erhalten, einen Entscheidungsschlag vorläufig nicht herbeizuführen. Er sicherte sich den Zugang zum linken Ufer durch zwei Brücken, um auch jenseits fourragieren zu können; dabei kam es wohl hin und wieder zu unbedeutenden Gefechten zwischen den ausgesandten Truppenteilen, im ganzen begnügten sich beide Teile mit der gegenseitigen Beobachtung. Nur einmal, kurz vor Cäsars Ankunft, als die untere Brücke zusammenbrach, wagten die Pompejaner eine ernstere Unternehmung, aber ohne Erfolg.

Wir erfahren aus Cäsars Angaben nicht, wo Fabius sein Lager aufgeschlagen habe, es ist aber Guischard*) gelungen, durch scharfsinnige Combination zu ermitteln, dass es bei Corbins gelegen habe. Geht man von Lerida etwa 9 km am rechten Segreufer aufwärts, so trifft man auf die nicht unbedeutende Noguera Ribagorzana, die auf dem Maladetta entspringt und bei Corbins mündet. Das Lager befand sich jedenfalls vor diesem Zuflusse, von Lerida aus, da Cäsar von dort in Schlachtordnung gegen Ilerda anrückt (triplici instructa acie c. 41,2) ohne den Flussübergang zu erwähnen. Auch die Marschweite dieses Tages (10 km bis zum Fort Garden, auf dem die Pompejaner lagerten) ist angemessen, denn die cäsarischen Truppen standen lange in Gefechtsstellung und konnten schliesslich doch noch vor Abend den 15 Fuss breiten Graben ausheben, der die Front für die Nacht gegen die Feinde deckte. Hiermit stimmt ferner die folgende Erwägung. Plancus (c. 40) war mit zwei Le-

---

*) Ch. Guischard (nommé Quintus Icilius), Mémoires critiques et historiques sur plusieurs points d'antiquités militaires. Berlin 1773. I p. 115.

gionen über die Brücke am Lager auf das linke Segreufer gegangen. Als nun diese Brücke plötzlich zusammenbrach, schickte Fabius sofort zwei Legionen über
die obere Brücke nach; Afranius aber, der durch die
vorüberschwimmenden Trümmer Kunde von dem Vorfall
erhalten hatte, rückte über die Brücke bei Ilerda gegen
Plancus an. Die pompejanischen Reiter erreichten den
Feind bald, aber die vier*) Legionen kamen erst an,
als die cäsarischen Unterstützungstruppen auch schon
eintrafen. Letztere hatten bis zur oberen Brücke 6 km
(= 4 milia passuum) und am linken Ufer wieder abwärts
im ganzen 12 km (8 milia passuum) zurückgelegt, die
Pompejaner waren natürlich erst später ausgerückt und
konnten also bis zur selben Zeit etwa 10 km weit marschieren: dies ist ziemlich genau die Entfernung vom
Fort Garden bis zur Noguera-Mündung.

Die obere Brücke befand sich also bei Termens,
6 km oberhalb Corbins, wo noch heute eine Fähre oder
Furt den Übergang über den Fluss vermittelt.**)

---

*) c. 40,4 legiones IIII (Dübner) ist besser beglaubigt als
III (Nipperdey), vgl. Meusel, Jahresberichte des philol. Vereins
XI S. 182.

**) Mémoires du Maréchal Suchet, duc d'Albufera sur ses
campagnes en Espagne, depuis 1808 jusqu'en 1814. Écrits par
lui-même. Paris 1828. Vgl. Atlas Blatt No. 3.

Cäsars Ankunft. Das neue Lager.
Das Gefecht bei Ilerda.

Zwei Tage nach dem Zusammensturz der Brücke am Lager traf Cäsar selbst ein, und sofort nahm die Kriegführung einen anderen Charakter an. Er befahl die Brücke noch in der folgenden Nacht fertig zu stellen, liess nur 6 Cohorten zum Schutze derselben und des zurückbleibenden Trosses im Lager, mit allen übrigen Truppen rückte er in Schlachtordnung gegen das Lager der Feinde an. Afranius führte zwar seine Truppen vor das Lager, verliess aber den Hügel, auf dem er stand, nicht; er hatte keinen Grund, seine treffliche Position aufzugeben, um einen Kampf zu wagen, dessen Ausgang seine Vernichtung zur Folge haben konnte. Vermutlich rechnete auch Cäsar nicht auf eine Schlacht, es genügte ihm, seine Überlegenheit zu zeigen, um dadurch die spanischen Völker für sich zu gewinnen, die gewohnt waren, sich dem Stärkeren anzuschliessen.[*] Cäsar liess seine beiden ersten Treffen in Schlachtordnung stehen, dem dritten gab er Befehl, etwa 400 passus (600 Meter) vom Fusse des feindlichen Lagerhügels einen Graben von 15 Fuss Breite auszuheben, der die Front des künftigen Lagers bilden sollte. Hinter diesen Graben zog Cäsar gegen Abend seine Truppen zurück, die Art dieser Bewegung beschreibt Guischard[**] nach Livius XXXXIIII 37, 1—4, und liess sie dort unter Anwendung aller Sicherheitsmassregeln, welche die gefährliche Stellung erforderte, ausruhen. Am folgenden

[*] Guischard a. a. O. I S. 89.
[**] Guischard a. a. O. I S. 237.

Tage vollendete Cäsar trotz der drohenden Haltung des Feindes die drei anderen Gräben und am dritten Tage zog er bereits den Tross und die 6 zurückgebliebenen Cohorten in das neue Lager, das nun auch mit einem Walle versehen wurde. Cäsar hatte aber mit dieser neuen Stellung, dicht am Feind, noch nichts gewonnen, so lange den Pompejanern die Verbindung mit der Brücke bei Ilerda verblieb. Er fasste also den kühnen Entschluss, sich zwischen das Lager und die Stadt einzudrängen und den kleinen Hügel, der fast in der Mitte dieser beiden Punkte liegt, zu besetzen. Zu diesem Zwecke führte er drei Legionen aus seinem Lager und liess plötzlich die Antesignanen einer Legion gegen diesen Hügel anrennen; aber die Pompejaner waren wohl auf ihrer Hut. Sie schickten schnell die Cohorten, die vor dem Lager Wache hielten, vor, warfen die anstürmenden Antesignanen und brachten sogar die ganze Legion zum Weichen. Diesen bei den cäsarischen Legionen unerhörten Vorgang, der auf die Truppen einen starken Eindruck machte, erklärt Cäsar durch die ungewöhnliche Kampfweise, welche die pompejanischen Legionen im Kriege gegen die spanischen Völker angenommen hatten: sie stürmten heftig an, achteten wenig auf Reih' und Glied, oft sprangen Einzelne aus der Linie heraus; wurden sie mit Übermacht angegriffen, gaben sie rasch ihre Stellung auf, um sich gegen schwächere Punkte zu wenden. Da die Legionen nach Cäsars ausdrücklicher Angabe diese Kampfweise von den Spaniern gelernt hatten, ist es interessant, von einem Augenzeugen*) das

---

*) H. v. Brandt, über Spanien S. 43. Ganz gleich urteilt, mit gebührender Anerkennung der früheren Kriegsleistungen der Spanier, H. v. Staff, der Befreiungskrieg der Katalonier, in den Jahren 1808—1814. Breslau 1821. I S. 12.

folgende Urteil über die spanischen Truppen zur Zeit
der napoleonischen Feldzüge zu vernehmen:

„Während es bei uns ein Ehrenpunkt des stehenden
Heeres ist, in geordneten und geregelten Massen dem
Feinde entgegenzueilen, entsagt der Spanier allen Banden
einer systematischen Kriegführung. Bei jedem ernst-
haften Widerstande flieht er in rastloser Flucht vom
Schlachtfelde, selten dass ihn seines Feindes Schwert
erreicht; oft kehrt er in stürmischer Eile zurück, um
gleich darauf aufs Neue zu fliehen. Von jenem Ehr-
gefühl, das unsere Krieger belebt, von jener erhabenen
Ruhmbegierde, die sie treibt den Tod zu suchen, um
durch ihn ein neues Leben zu erringen, davon hat der
Spanier keine Ahnung." Vielleicht war auch das
spanische Sprichwort, das v. Brandt oft von Gefangenen
hörte: Lieber will ich, dass die Leute sagen: „Hier
floh er," als „hier starb er," den alten Hispaniern nicht
unbekannt. Solche Grundsätze sind freilich auf die
Dauer verderblich für eine Armee, dieses Mal aber halfen
sie den Pompejanern in der That zum Siege über die
anders geschulten Cäsarianer. Aber die Freude war
nur kurz. Ein paar Worte des Oberfeldherrn ermutigten
die Truppen rasch wieder, und nun trieb die neunte
Legion die übermütigen Feinde schnell zurück und den
Berg hinan bis unter die Mauern der Stadt. Jedoch
hatten die tapferen Soldaten, im Eifer die Scharte aus-
zuwetzen, sich zu weit vorgewagt. Sie waren auf einem
schmalen Rücken vorgedrungen, und als nun die Pompejaner dicht vor der Stadt sich umwandten, konnte die
Legion weder vorwärts noch rückwärts. Vor ihnen
standen die Feinde in günstiger Stellung und warfen
von oben ihre Geschosse, hinter ihnen senkte sich der

---

*) v. Brandt a. a. O. S. 42.

schmale Rücken, auf dem sie eben vorgedrungen waren: der Rückzug auf dieser Linie wäre vernichtend gewesen. So mussten denn Cäsars Soldaten notgedrungen aushalten. Ihre Lage verschlimmerte sich von Stunde zu Stunde, denn die Feinde konnten sich ungehindert aus dem Lager verstärken, Cäsar aber war kaum im Stande einzelne Ermüdete abzulösen, vergebens suchte seine Reiterei die steilen Seitenabhänge jenes Rückens zu erklimmen. Endlich nach fünf schweren Stunden trieben die Cäsarianer durch einen Angriff mit dem blanken Schwerte die Feinde den Berg hinan, sie bekamen Luft und konnten den Rückzug antreten, den die Reiterei, der es schliesslich doch noch gelungen war, den Rücken seitlich zu erklimmen, jetzt mit Erfolg deckte.

Das Ganze dieser Ereignisse lässt sich genau auf den Karten verfolgen, die der Marschall Suchet seinen Memoiren beigegeben hat; die Memoiren selbst treten ergänzend hinzu, uns ein völlig klares Bild von Lerida und Umgebung zu liefern, welches, von der Stadt selbst abgesehen, durchaus den Schilderungen Cäsars entspricht.

Lerida, fast genau in der Mitte zwischen Barcelona und Saragossa, auf dem rechten Ufer des Segre gelegen, ist heute eine Stadt von etwa 20 000 Einwohnern, die mühsam auf dem schmalen Raume zwischen dem Flusse und dem Schlossberge, auf dem die alte Stadt Ilerda lag, sich eingedrängt hat. Sie ist elend gebaut, hat enge, krumme, finstere, schlecht gepflasterte Strassen, und kontrastiert durch den düstern Anblick ihres Innern sehr auffallend mit der lachenden Physiognomie der Landschaft, in deren Mitte sie liegt. Eine 196 Schritte lange, steinerne Brücke, die aus sieben Bogen besteht, führt vom linken Ufer in die Stadt; sie ist im Jahre 1727 auf den Pfeilern einer Römerbrücke wieder aufgebaut, und bei niedrigem Wasserstande kann man noch deut-

lich diese alten Unterbauten erkennen.*) Dicht bei der
Brücke, noch in der hier besonders schmalen Stadt, er-
hebt sich etwa 70 Meter über dem Flussspiegel der
schon erwähnte Schlossberg und dehnt sich nach rechts
hin aus; er bildet oben ein unregelmässiges Viereck,
dessen äussere Polygonseiten etwa 250 Meter messen.
Auf diesem Plateau befindet sich ein hoher Wartturm,
von weitläufigen und soliden Gebäuden umgeben, ringsum
durch Mauern und Bastionen geschützt, das ist die Citadelle von Lerida, der Sitz der alten Ilergeten. Der
Berg fällt nach drei Seiten steil ab, nur die Westseite,
links nach dem Fort Garden zu, ist sanft abgedacht,
von dieser Seite zieht sich auch ein schmaler Rücken,
100—150 Meter breit und fast 600 Meter lang, die
Westseite entlang, in sanfter Neigung,*) aber mit steil
abfallenden Seitenrändern, in die Ebene nördlich der
Stadt hinunter. Allein von dieser Seite her, sagt Suchet,
wäre ein regelrechter Angriff auf die Citadelle möglich,
doch müsse der Angreifer zuvor Herr des Fort Garden
sein. Dieses Fort, welches also die Westseite der Citadelle deckt, liegt auf dem etwa 600 Meter von dem
Schlossberge sich erhebenden Plateau, auf welchem
Afranius und Petreius ihr Lager aufgeschlagen hatten.
Die Höhe dieses Plateaus beträgt nur 40 Meter, vom
Wasserspiegel des Segre aus gerechnet, die Länge 900 bis
1000 Meter, seine Breite im Osten 100, im Westen, von den
wiederholten Einkehlungen abgesehen, etwa 400 Meter.
Zwischen der Citadelle und dem Fort Garden (etwa

---

*) A. de Laborde, Voyage pittoresque et historique. Paris
1806—1820. I p. 41.

**) Den Herausgebern ist c. 45,5 ein kleiner Fehler der
Überlieferung entgangen; es muss natürlich leni fastigio heissen,
tenui ist entstanden aus leñi. Vgl. B. Gall. VII 19,1.

600 Meter*) senkt sich das Terrain erheblich, bildet aber fast gerade in der Mitte wieder e i n e n k l e i n e n H ü g e l; dies ist der Punkt, gegen den Cäsar seinen ersten Angriff richtete. Cäsar hatte sich im Norden der Stadt und des feindlichen Lagers, 600 Meter vom Fusse des Fort Garden, im Thale verschanzt. Vor ihm lag also rechts das Fort Garden, links Ilerda, dazwischen die Ebene mit dem kleinen Hügel in der Mitte. Hier begann der Kampf, nahe am Lager der Feinde. Bei der Verfolgung aber kamen die Pompejaner mehr nach Osten, deshalb liefen sie beim Angriff der neunten Legion nicht ins Lager zurück, sondern auf die nähere Stadt zu, unter deren Mauern jener hartnäckige Kampf stattfand.

Cäsars Absicht, den Feind von der Brücke und der Stadt abzuschneiden, war vereitelt, und es scheint fast, als hätte die Schlauheit der Feinde an seinem Misserfolge mehr Anteil, als Cäsar zugeben möchte. Guischard hält es für möglich, dass Afranius den kleinen Hügel absichtlich unbesetzt liess, um den Feind zum Angriff an dieser Stelle zu verlocken. So weit möchte ich nicht gehen, aber ich glaube wohl, dass die Flucht auf Ilerda darauf berechnet war, Cäsars Soldaten in die Falle zu locken, die oben beschriebene Kampfweise der Pompejaner legt wenigsten diesen Gedanken sehr nahe. Der Erfolg war zwar nicht so bedeutend, wie die Pompejaner hofften und einander vorredeten, doch war es immerhin schon etwas, von Cäsar nicht besiegt zu sein, auf die näheren Umstände kam es dabei wenig an: im Vergleich mit den Ereignissen in Italien durfte man dieses Treffen schon für einen grossen Sieg ansehen. Gleich darauf warf das Glück den Pompejanern noch ein besseres Loos in den Schoss.

---

*) Cäsars Angabe c. 43,1 planicies circiter passuum CCC ist etwas zu klein. Vgl. Suchet I pag. 116.

Die Überschwemmung. Die neue Brücke.

Zwei Tage nach diesem Treffen fiel ein starkes Regenwetter ein, der Schnee schmolz im Gebirge, und das Hochwasser im Segre riss beide Brücken des Fabius hinweg. Cäsar war auf dem schmalen Dreieck zwischen Segre und Cinca abgeschnitten, die ausgesogene Gegend konnte das Heer nicht ernähren, dazu war es kurz vor der Ernte und demnach die Vorratskammern*) so schon geleert, Zufuhr aus den Nachbarstaaten und aus Gallien heranzuschaffen war rein unmöglich, nicht einmal Fleisch war zu haben, da die Einwohner all ihr Vieh aus Kriegsfurcht in die Berge getrieben hatten. Die Not in Cäsars Lager stieg von Tag zu Tage, vergeblich suchten die Soldaten die Brücken wieder aufzubauen, die Feinde und der Fluss vereitelten alle Bemühungen. Aus Gallien kam eine grosse Proviantkolonne heran, sie musste am jenseitigen Ufer stehen bleiben, fast wäre sie dem Feinde in die Hände gefallen, doch die gallische Reiterbedeckung hielt sich tapfer gegen den Feind, und so konnte sich die Kolonne mit geringem Verluste in die Berge retten. Schon jubelten Cäsars Feinde in Spanien und in Rom laut über seinen Untergang, da wandte sich plötzlich das Blatt. Cäsar hatte im Lager Kähne aus leichtem Holz und Weidengeflecht bauen

---

*) Die Nordafrikaner bewahren das Getreide, wie Tissot (Recherches sur la campagne de César en Afrique p. 34) bezeugt, noch heute in Höhlen auf. Da nun Varro de re rust. I 67 denselben Brauch für das diesseitige Spanien angibt, hat H. J. Heller (Phil. Anz. 1885 S. 429) die feinsinnige Vermutung ausgesprochen, es sei c. 48,5 in cavernis statt in hibernis zu lesen.

lassen, diese wurden mit Häuten überzogen und zu
Wagen 33 km (22 milia passuum) stromaufwärts ge-
schafft. Ehe die Feinde es merkten, war eine Abteilung
Soldaten auf dem linken Ufer, setzte sich auf dem an-
stossenden Hügel fest und verstärkte sich bis zu einer
Legion. In zwei Tagen war nun eine Brücke fertig,
die Proviantkolonne ward herübergezogen, und gleichzeitig erschienen auch zum Schrecken der Pompejaner
die gallischen Reiter Cäsars auf dem linken Ufer, das
sie bald völlig beherrschten.

Der Segre (Sicoris)*), der bedeutendste unter allen
Nebenflüssen des Ebro, der den Ebro überhaupt erst
zum Strome macht, empfängt reiche Wasservorräte durch
seine rechten Zuflüsse, besonders durch die beiden
Nogueren, während der eigentliche Quellfluss nur von
dem niedrigeren Teile des Pyrenäenrückens, der die
nördliche Thalwand der Cerdagne bildet, ernährt wird.
Er durchfliesst das bereits sehr tief eingesenkte Thal
von Urgel und die fruchtbare Ebene unterhalb der Stadt.
Bei Organyá schliesst sich dieselbe, der Fluss durch-
rauscht einen engen Spalt, bis sich gegen Pons hin das
Thal öffnet; nun breiten sich auf dem linken Ufer die
schönen und fruchtbaren Gefilde von Agramunt und die
Llanos del Urgel bis in die Gegend von Cervera und
im Süden bis zur Sierra de la Llena aus. Diese Land-
schaften sind jedoch nicht als die erweiterte Thalsohle
des Segre, sondern vielmehr als höher liegende, von
zahlreichen, zwar niederen aber meist scharf abgesetzten,
teilweis sogar felsigen Hügeln unterbrochene Gelände zu
betrachten. Auf dem rechten Ufer bleibt das Thal des
Segre bis gegen Balaguer hin von höheren Gebirgen
beengt. Diese bilden zwischen dem Segre und der

*) v. Roon a. a. O. S. 208 ff.

Noguera Pallaresa ein sehr verwickeltes, thalreiches
Labyrinth gewaltig zerklüfteter Felsenmassen, welche
das angebautere, wegsamere, dennoch aber sehr defilee-
reiche Bergland zwischen den beiden Nogueren sowohl
an Wildheit als an Höhe übertreffen. Von Balaguer bis
zur Mündung der Noguera Ribagorzana wird das rechte
Segreufer noch von niederem Berglande beengt; erst
hier tritt das Gebirge auch von dem rechten Ufer ganz
zurück, und macht dem wohlbewässerten und angebauten
hügeligen Gelände Raum, welches sich unter dem Namen
der Noguera ausbreitet und eine Meile unterhalb Lerida
schliesst. Dann tritt der Segre von neuem und bis zu
seiner Mündung Mequinenza gegenüber, in ein enges
Thal, dessen Ränder zwar nicht hoch, aber steil, kahl
und felsig sind.

Die Breite des Flusses, welche im Thal von Urgel,
bei einer Tiefe von 3—5 Fuss, bereits 26—33 Schritte
beträgt, wächst unterhalb Balaguer bald bis zu 120,
und misst an der Brücke von Lerida 196, an der Mündung, bei Mequinenza, 175 Schritte. Der Segre bleibt
auch nach seinem Eintritte in die Ebene ungemein
schnell und reissend. Sein Wasserstand ist ausser-
ordentlich ungleich. Gewöhnlich fängt das jährliche
Hochwasser in den ersten Tagen des Mai's an, wo die
Schneeschmelze im Gebirge beginnt; dann beträgt seine
Tiefe bei Lerida 6—10 Fuss, alle Furten werden ungangbar. Ungewöhnlich schnelle Schneeschmelze oder
anhaltende Regengüsse, die hinzutreten, verwandeln die
Ebene auf dem rechten Ufer, die Noguera, teilweise in einen
See. Bisweilen treten solche Überschwemmungen auch zu
anderen Jahreszeiten ein bei besonders starkem und an-
haltendem Regenwetter. Meist vergehen 10 bis 12 Tage
nach dem Aufhören der Ursache, bevor die Überschwemmungen des Segre verrinnen, die Gewässer auf ihren

gewöhnlichen Stand zurücksinken, und die Furten wieder
gangbar werden. Ausserdem aber reicht auch jeder
Gewitterregen hin, den Fluss, wenn auch nur für wenige
Stunden, so anwachsen zu lassen, dass alle Verbindung
zwischen beiden Ufern gänzlich aufgehoben wird. Somit hat der Segre den unbeständigen und verräterischen
Charakter eines kolossalen Torrente. Die Schiffahrt ist
sehr unbedeutend, nur flache Barken können ihn be-
fahren und auch nur bis Lerida.

Ganz gleicher Art ist der Charakter des Cinca*)
(Cinga), der von den schneereichen Pyrenäenregionen
des Mont Perdu und den Gewässern, die von der be-
eisten Maladetta abfliessen, ernährt wird. In der Gegend
von Barbastró verlässt er die pyrenäischen Vorgebirge,
durchfliesst dann, aber zwischen steilen, nicht selten
felsigen Thalrändern, eine flachere Gegend, und tritt an
der Mündung des Alcanadre aus einer breiten Thalmulde
in einen engen Erdspalt, dessen Ränder um so höher
und steiler erscheinen, je tiefer sich das Niveau des
Flusses zwischen ihnen hinabsenkt. Die Vereinigung
mit dem Segre erfolgt bei la Granja de Escarp, kaum
10 km oberhalb der Segremündung.

Beide Flüsse haben durch ihre plötzlichen und ge-
waltigen Überschwemmungen zu allen Zeiten einen bedeutenden Einfluss auf die Kriegführung in Catalonien
ausgeübt; so oft Fremdlinge eindrangen, kamen den
Cataloniern diese treuen Bundesgenossen zu Hilfe, und
sie haben ihnen wohl noch mehr genützt als die ver-
derblichen Sommermonate, Juli bis September, welche
die Spanier oft für ihre besten Generäle erklärten. So
brachte im Jahre 1809 der Cinca den Franzosen einen

---

*) v. Roon a. a. O. S. 194.

herben Verlust, den Suchet*) nur kurz meldet, um den
sonst so verdienten General Habert nicht tadeln zu
müssen, aber H. v. Brandt, der als Lieutenant in der
Legion de la Vistule am Feldzuge teilnahm, erzählt uns
den Hergang ganz genau. Die Brigade Habert war im
April 1809 von Saragossa abgerückt, um den General
Pereña aus den Gebirgen am Cinca und Segre zu ver-
treiben. Am 15. Mai suchten die Franzosen vergebens,
den Übergang über den Cinca bei Alcoléa zu erzwingen,
der Feind verteidigte das linke Ufer hartnäckig. Was
am folgenden Tage geschah, beschreibt unser Augen-
zeuge**) also: „Am 16. Mai setzten wir uns etwas früher
wie gewöhnlich, aber dennoch erst gegen 7 Uhr auf
Pomar am Cinca in Bewegung, wo sich zwei kleine
Fähren, von denen jede etwa eine gute halbe Kompagnie fassen konnte, befanden. Wir marschierten am
Ufer auf, und unter dem Schutze einiger Kanonen begann man die Voltigeurs des 74. und 116. französischen
und des 2. Weichsel-Regiments und die Grenadiere des
116. Regiments, in Allem 8 Kompagnien und 50 Kü-
rassiere überzuschiffen. Die Sache ging rasch und gut
von Statten. Die Musketier-Kompagnie unseres Regiments rückte eben gegen den Fluss vor, eine halbe
Kompagnie des 1. Bataillons war bereits auf der Fähre,
als wir einen der Fährleute, der zum General geeilt
war, von diesem unter heftigen Worten mit Fusstritten
regaliert sahen. Niemand wusste sich dies zu erklären,
und erst später hörten wir, dass der alte, in seinem Ge-
schäft routinierte Fährmann den General gewarnt hatte,
nicht mehr Truppen übersetzen zu lassen, weil in Folge

---

*) Suchet, Mémoires I p. 17.
**) Aus dem Leben des Generals der Infanterie H. v. Brandt.
Berlin 1868. I S. 62 ff.

Schneider, Ilerda. 2

eines im Gebirge gefallenen Wolkenbruchs binnen
Kurzem das Wasser sehr steigen würde. Diese Meldung,
welche den General ausser sich gebracht, sollte sich nur
zu bald bestätigen. Das Wasser wuchs urplötzlich und
stürzte mit solcher Gewalt in das Flussbett, dass man
eilen musste, die bereits eingeschifften Musketiere wieder
ans Land zu setzen. Die Gewalt des Stromes rollte
grosse Steine, Felsblöcke und Bäume vor sich her, riss
die Taue der Fähre wie Bindfaden entzwei und über-
schwemmte bald die beiden Ufer in dem Masse, dass
die Truppen dieselben verlassen mussten, um sich auf
den Thalrand des Flussbettes zu retten. Dabei war die
Atmosphäre über uns noch ziemlich klar, und nur nach
dem Gebirge zu war der Himmel geschwärzt und mit
leichten, kleinen Wolken bezogen.“ Man begreift nach
dieser Schilderung leicht, wie die hölzernen Brücken des
Fabius im Nu von dem anschwellenden Segre zertrüm-
mert werden konnten; nur eine feste Steinbrücke, wie
die bei Ilerda, vermag solcher Riesengewalt zu trotzen.

Cäsars Lage war um so peinlicher, als er die gallische
Proviantkolonne am linken Ufer vor sich sah und doch
nicht erreichen konnte. Wahrscheinlich war auch diese
Kolonne nicht über den Col de la Perche direkt ins
Segrethal, sondern über den Col Pertus hereingezogen.
Wollten die Pompejaner dieselbe abfangen, und das war
doch gewiss ihre Absicht, so mussten sie den Zug erst
aus der Bergkette, die den Llobregat vom Segre
scheidet, herauslassen, bei einem früheren Angriffe
konnte in dem defileereichen Terrain die Bedeckungs-
mannschaft ohne Schwierigkeit gegen die Überzahl der
Pompejaner standhalten und den Ihrigen den Rückzug
sichern. Dass schliesslich das Unternehmen des Afranius
doch diesen Ausgang nahm, lag nicht an der Schuld des
Feldherrn, sondern an dem Ungestüm der spanischen

Reiter und dem unerschrockenen Benehmen ihrer gallischen Gegner.*) Statt die Feinde zu umgehen und ihnen den Rückzug abzuschneiden, warfen sich die Spanier sofort auf die ungeordneten Scharen, ohne den Anmarsch der drei Legionen zu erwarten. Sie fanden jedoch an den gallischen Reitern einen unerwarteten und hartnäckigen Widerstand, den die Rutenischen Bogenschützen wirksam unterstützten. Als endlich die pompejanischen Legionen anrückten, mussten natürlich die Gallier, die lange genug der Überzahl getrotzt hatten, zurückweichen und zweihundert Bogenschützen dem Feinde preisgeben, aber die Kolonne war gerettet. Neben der Furcht vor einem Angriffe Cäsars auf das Lager bei Ilerda, war es wohl hauptsächlich die wackere Haltung der gallischen Reiter, welche die Pompejaner veranlasste, ihr Unternehmen nunmehr ganz aufzugeben, sie hielten jedenfalls die Bedeckung für erheblich stärker, als diese in Wirklichkeit war. Vielleicht hatte auch der Dualismus in der Leitung des pompejanischen Heeres an diesem Misserfolge seinen Anteil, genug, die Kolonne blieb unbehelligt auf den Höhen bei Camarasa, bis es Cäsar gelang, sie an sich zu ziehen. Camarasa ist vom Fort Garden, bei dem Cäsars Lager sich befand, $33\frac{1}{2}$ km entfernt, 3 km abwärts liegt auf dem rechten Segreufer Llorens, zwischen diesen beiden Punkten (22 milia passuum vom Lager) bewerkstelligte Cäsar seinen Übergang, erst auf den leichten Kähnen, dann auf der festen Holzbrücke, die ihm nun wieder den Zugang in die reiche Ebene des linken Segreufers sicherte. An derselben Stelle überschritt im Jahre 1645 der Graf Harcourt den Fluss, und auch die Brücken des Grafen Starenberg, der im spanischen Erbfolgekriege (1709) sein

---

*) Guischard, Mémoires I p. 339.

2*

Lager bei Balaguer aufgeschlagen hatte, befanden sich dicht bei Llorens.*) Die steinerne Brücke bei Camarasa, welche man bei Suchet Tafel 3 findet, ist im Jahre 1810 von den Franzosen zerstört und seitdem, wie es scheint, nicht wieder aufgebaut worden.

Die Furt.

Die cäsarische Reiterei hatte die Feinde bald so eingeschüchtert, dass diese nur mit ausserordentlichen Sicherheitsmassregeln und endlich blos noch zur Nachtzeit zu fourragieren wagten. Aus Massilia kamen gute Nachrichten, die den Mut der Cäsarianer nicht wenig hoben, die Spanier wandten sich jetzt entschieden auf Cäsars Seite, selbst die Hilfstruppen im feindlichen Lager wurden unsicher. Alles schien jetzt Cäsars Sieg zu sichern. Und doch war eigentlich noch nichts gewonnen. Noch immer standen die Pompejaner unberührt in ihrer festen Stellung, ihre Vorräte hielten noch eine gute Weile aus und nachher konnten sie sich ohne Gefahr hinter den Ebro zurückziehen, wo sie den Krieg leicht bis zum Winter gegen Cäsar fortzuführen vermochten. Wollte Cäsar ihnen diesen Ausweg verlegen, so musste er unbedingt einen näheren Übergang über den Segre schaffen, denn ehe er über Llorens bis in die Gegend von Lerida kommen konnte, waren die Feinde, wenn sie sich beeilten, schon am Ebro, kaum dass die Reiterei noch ein paar Nachzügler am Flusse hätte erwischen können. Er beschloss also, einen Teil des

---

*) Guischard, Mémoires II p. 40.

Segre abzuleiten, um, zunächst nur für die Reiterei, eine Furt herzustellen. An diesem Werke ward rastlos gearbeitet, und es näherte sich schon seiner Vollendung, da gaben die Pompejaner ihre Stellung auf, um sich über eine Schiffbrücke bei Octogesa hinter den Ebro zurückzuziehen.

Von diesem Versuche Cäsars, künstlich eine Furt im Flusse zu schaffen oder doch wiederherzustellen, machen sich die meisten Leser, wie ich glaube, eine falsche Vorstellung. Die Sache ist nicht so einfach, wie sie dem Laien auf den ersten Blick erscheint, denn Seitengräben, die unten wieder im Flusse münden, füllen sich in kurzer Zeit und nehmen dann von dem stetig nachdringenden Wasser des Flusses wenig oder gar nichts mehr auf, sie können also das Niveau des Flusses auch nicht herabmindern. Vegetius ist sehr im Irrtum, wenn er ganz allgemein die Regel aufstellt: einen zu tiefen Fluss solle man, falls er durch ebenes Terrain fliesse, durch Gräben teilen, dann könne man ihn durchwaten.*) Die Sachverständigen sind durchaus entgegengesetzter Meinung, ja der Marschall Puysegur ist sehr zweifehaft, ob dies Unternehmen überhaupt in so kurzer Zeit ausführbar sei, wie sie Cäsar gegeben war. Seine Bedenken widerlegt Guischard**) sehr ausführlich. Vor allen Dingen ist festzuhalten, dass Cäsars Verfahren nicht ein Mittel ist, dass man überall anwenden kann, um irgend einen Fluss an beliebiger Stelle gangbar zu machen, sondern der Erfolg ist an ganz bestimmte Eigenschaften des Flusses und seiner Umgebung ge-

---

*) Vegetius de re militari III 7: At cum altior fluctus nec equitem nec peditem patitur, si per plana decurrat, ductis multifariam spargitur fossis, divisusque facile transitur.

**) Guischard, Mémoires II, p. 61.

bunden, mit anderen Worten: der Fluss muss ein starkes
Gefälle haben und das Seitenterrain muss tiefer liegen
als die Flussränder. Beide Bedingungen erfüllt der Segre
zwischen Corbins und Lerida. Fast in der Mitte dieser Strecke, $4\frac{1}{2}$ km über der
Brücke von Lerida, teilt sich der Fluss in mehrere
Arme, die durch Sand- und Kiesbänke getrennt, sich
bald mehr bald weniger von einander entfernen, bis sie
etwa 2 km tiefer sich wieder vereinen und bis zur
Brücke von Lerida zusammenbleiben: dort, also 3—4 km
oberhalb Lerida, muss Cäsar die Furt gesucht haben.
Auf Grund sehr eingehender Berechnungen ist Guischard
zu folgenden Resultaten gelangt. Cäsar beabsichtigte
eine Furt, die durch das Hochwasser ungangbar geworden war, wieder herzustellen, es galt demnach den
Wasserstand von 6 Fuss auf $3\frac{1}{2}$—4 Fuss herabzu-
drücken, d. h. ein Drittel des ganzen Flusses abzuleiten.
Der Segre hat bei Corbins eine mittlere Breite von
240 Fuss, somit beträgt das Profil der abzuleitenden
Wassermenge 480 Quadratfuss, da 2 Fuss weggenommen
werden sollen. Nun fliesst der Fluss bei Corbins mit
einer Schnelligkeit von 2 Fuss in der Sekunde, also
7200 Fuss in der Stunde, das ergibt eine abzuleitende
Wassermenge von 3 456 000 Kubikfuss für jede Stunde.
— Der fruchtbare Kessel auf dem rechten Segreufer,
südwestlich von Corbins, liegt etwas tiefer als die Ufer
des Segre, und das Terrain senkt sich in der Richtung
nach Südwesten, wenn auch unbedeutend, weiter dem
Seitenarme zu, den die Noguera Ribagorzana rechtshin
entsendet und der erst unter Lerida in den Segre
mündet. Etwa in der Mitte dieses ebenen Kessels,
1000 Klaftern vom Segre, liess Cäsar ein Bassin ausheben von 6 Fuss Tiefe, 700 Klaftern Breite und

1200 Klaftern Länge. Dann zog er vom Segre bis zum
Bassin 8 Gräben von je 30 Fuss Breite, mit 3 Fuss
Tiefe am Eingang und 6 Fuss Tiefe am Ausgang, in
einem Abstande von je 15 Klaftern, und durch diese
Gräben, deren Gesamtbreite also der Breite des Flusses
glich, flossen in der Stunde jene 3 456 000 Kubikfuss
Wasser ins Bassin ab. In 9 Stunden wäre das Bassin
gefüllt gewesen, darum sorgte Cäsar für dessen Abfluss
durch einen Abzugskanal von 1200 Klaftern Länge, der
in den oben erwähnten rechten Seitenarm der Noguera
Ribagorzana führte. Die sehr bedeutenden Dimensionen
dieses Baues erfordern natürlich einen erheblichen Auf-
wand von Zeit und Kräften, Guischard hält aber die
Ausführung unter den gegebenen Umständen für möglich und beruft sich auf die detaillierten Berechnungen,
welche der Baron d'Arletan darüber angestellt habe.*)
Übrigens ist bei diesen Erwägungen nicht zu übersehen,
dass die Arbeiten noch nicht ganz vollendet waren, als
Cäsar die Furt benutzte, man muss also bei der Berech-
nung noch ein paar Tage zugeben, und dass ferner das
stete Sinken des Hochwassers Cäsars Zweck sehr erheblich förderte. Man wird vielleicht die Frage aufwerfen,
warum Cäsar nicht lieber eine zweite Brücke gebaut
habe, wenn die Schwierigkeiten, die Furt gangbar zu
machen, so gross waren. Daran hinderte ihn aber die
Nähe der gesamten feindlichen Streitmacht und zugleich
der Mangel an Holz, an dem die Umgebung von Lerida
leidet. Nachdem die Cäsarianer schon 4 Brücken und
2 Lager erbaut hatten, war gewiss schon der ganze Vorrat
aufgebraucht. Die Franzosen schafften im Jahre 1823 ihre

---

*) d'Arletan's Untersuchung ist mir unbekannt geblieben.
Wahrscheinlich befindet sie sich unter den Manuskripten, die
der Verfasser für Friedrich den Grossen abfasste.

Schanzkörbe und Faschinen zu Wagen von Pamplona nach Lerida, 200 km weit, da sie erfahren hatten, dass die Belagerer von Lerida in den früheren Kriegen aus Not zu Weinreben hatten greifen müssen.*)

Der Abmarsch der Pompejaner.
Die Kapitulation.

Um Cäsar über ihre eigentliche Absicht zu täuschen, hatten die Pompejaner zwei Legionen über den Segre geführt und sich dort verschanzen lassen; aber jener hatte durch seine Spione bereits sichere Kunde von dem bevorstehenden Abmarsche erhalten und liess darum mit doppeltem Eifer an der Ableitung des Flusses arbeiten.*) Fast gleichzeitig trafen die beiden Nachrichten ein, dass die Schiffbrücke bei Octogesa vollendet sei und dass die Furt im Segre von der Reiterei überschritten werden könne. Sobald sich also die Pompejaner in Bewegung setzten, waren auch schon die gallischen Reiter auf dem linken Segreufer und hielten den Marsch der Feinde so erfolgreich auf, dass Cäsar trotz des Aufenthaltes an der Furt und des Umweges von 9 km (6 milia passuum) um die neunte Tagesstunde mit seinen Legionen die Feinde einholte. Offenbar waren die Pompejaner auf einen Angriff gar nicht gefasst und deshalb geriet ihr Zug

---

*) Relation des opérations de l'artillerie française en 1823. Paris 1835. pag. 77.

*) Guischard a. a. O. II 36.

beim plötzlichen Erscheinen der gallischen Reiter fast völlig ins Stocken: konnte doch Cäsar selbst in gleicher Situation während des afrikanischen Feldzugs kaum 100 Passus in der Stunde zurücklegen.*) Als Cäsars Legionen anrückten, machten die Pompejaner auf höher gelegenem Orte Halt und erwarteten den Angriff, Cäsar aber liess seine ermüdeten Truppen in der Ebene rasten, erst als die Feinde Miene machten, ihren Marsch fortzusetzen, liess er auch seine Legionen wieder vorrücken. So zwang er die Pompejaner schliesslich, ihren Weitermarsch für jetzt aufzugeben und ein Lager aufzuschlagen, in dessen unmittelbarer Nähe er sich selbst verschanzte. Hätten die Feinde noch fünf milia passuum an diesem Tage weiter marschieren können, so war ihr Rückzug über den Ebro gesichert, denn dort begannen die Berge, deren Zugang sich leicht gegen den nachdringenden Feind so lange verteidigen liess, bis der Übergang über die Schiffbrücke bewerkstelligt war. Vergebens suchten die Pompejaner in der Nacht ihren Fehler gut zu machen, der Plan ward verraten, und das Alarmsignal im cäsarischen Lager erschreckte sie so, dass sie den Abmarsch aufgaben.

Von diesem Augenblicke an herrschte im pompejanischen Lager völlige Ratlosigkeit, die durch die Verschiedenheit der beiden Heerführer noch vermehrt wurde. Noch war Rettung möglich, wenn der vorsichtige Afranius Zeit gewann, durch sichere Defensive Cäsars Legionen, die ohne genügende Verpflegung ausgezogen waren, zu ermüden, oder wenn Petreius durch kühnes Wagen den Legionen den Durchgang erzwang, mochte auch das Gepäck verloren gehen:

**) Bell. Afr. 70,1: Cum iam ad solis occasum esset et non totos C passus in horam esset progressus.

aber die sich durchkreuzenden Pläne beider Feldherrn
mussten den Untergang des Heeres herbeiführen. In
dieser Unentschiedenheit verlor man einen ganzen Tag
nnd verbrachte ihn mit einer Recognoscierung, deren
Resultat bereits bekannt war, oder doch hätte bekannt
sein müssen. Für Cäsar ward dieser Tag der erste
Schritt zum sicheren Siege. Er schickte den bewährten
Celtiberen L. Decidius Saxa auf Recognoscierung aus,*)
und dieser brachte ihm die erfreuliche Kunde, dass man
durch einen zwar sehr beschwerlichen aber doch aus-
führbaren Marsch jenes Defilee, durch welches der Weg
nach Octogesa führe, vor Ankunft des Feindes erreichen
könne, vorausgesetzt, dass man diese Absicht möglichst
lange verberge und durch die Reiterei den Vormarsch
der Pompejaner wirksam verzögere. Die Feinde hatten
diesen Weg für unmöglich gehalten: es war das Unglück
der Gegner Cäsars, dass sie immer nur nach ihrer
eigenen Fassungskraft die Mittel berechneten, die dieser
grosse Mann in der Bedrängnis zu finden wusste.**)
Mit lautem Jubel und übermütigen Spottreden begleiteten
die Soldaten des Afranius die Cäsarianer, als diese mit
dem Morgengrauen des zweiten Tages in der Richtung
auf Ilerda aufbrachen. Sie versäumten darüber ganz
ihren eigenen Abmarsch, bis sie endlich ihren Irrtum
bemerkten, als die Spitze der Feinde bereits die Höhen
über dem Lager erreicht hatte. Nun brachen sie in
aller Eile auf, aber es war schon zu spät, die gallischen
Reiter griffen heftig an, und so erreichte Cäsar trotz

*) Saxa ward später von Cäsar sehr begünstigt und stand
bei Antonius in hohem Ansehn. Cicero nennt ihn Phil. XI
§ 12: Saxa nescio quis, quem nobis Caesar ex ultima Celtiberia
tribunum plebis dedit, castrorum antea metator, nunc, ut sperat,
urbis. Er starb als Statthalter von Syrien im Jahre 41 v. Chr.
**) Guischard a. a. O. II 111.

des unwegsamen Terrains zuerst den entscheidenden Punkt. Seine Legionen traten den Pompejanern in Schlachtordnung entgegen, und diese, nun von zwei Seiten bedrängt, machten auf einem Hügel Halt. Vergebens ermannten sie sich zu einem letzten Versuche, sie schickten vier Cohorten gegen einen hohen Berg vor, um sich den Übergang über das Gebirge zu sichern: die gallischen Reiter waren flink bei der Hand und hieben die ganze Abteilung vor den Augen beider Heere zusammen. Jetzt hätte Cäsar die ganze feindliche Streitmacht mit einem Schlage vernichten können, aber er hielt das ungestüme Drängen seiner Soldaten nieder, nahm seine Truppen etwas zurück und gab dadurch den Feinden Gelegenheit, sich in ihr Lager zurückzuziehen. Er besetzte die Berge ringsum, schnitt dadurch den Feinden jeden Weg zum Ebro ab und befestigte dicht beim Lager der Pompejaner sein eigenes Lager.

Die pompejanische Armee war nunmehr verloren, denn der Rückzug auf Tarraco oder Ilerda blieb doch, selbst im günstigsten Falle, nur ein Mittel, die schliessliche Entscheidung noch auf kurze Zeit hinauszuschieben. Afranius gab das Spiel auf, und gewiss mancher Andere mit ihm, nur Petreius verhinderte noch die Übergabe, er leitete in den letzten Tagen das Heer allein, aber jetzt war's zu spät. Das Benehmen des Petreius, sagt Guischard,*) ist ein Muster von Entschlossenheit und Mut, und man ist geneigt, diesen alten braven Kriegsmann zu beklagen, dessen Eifer und Treue nur dazu dienten, die schimpfliche Kapitulation seines Heeres um ein paar

---

*) a. a. O. II 147. Petreius sammelte später die Reste der pompejanischen Truppen in Afrika, nach der Schacht bei Thapsus gab er sich selbst den Tod.

Tage hinauszuschieben. Das Lager der Pompejaner war vom Wasser ziemlich weit entfernt, die Wasserträger wurden unterwegs von Cäsars Reitern angegriffen und konnten nur mühsam gedeckt werden. Man musste einen Wall zum Wasser führen, aber während die Feldherrn diese Arbeit persönlich beaufsichtigten, fraternisierten ihre Truppen im Lager mit den Legionaren Cäsars. Petreius schritt entschlossen ein, und es gelang ihm wirklich, sie durch einen neuen Fahneneid an sich zu fesseln. Er ordnete nunmehr den Rückzug auf Ilerda an, aber die Schwierigkeiten waren unüberwindlich, nur mühsam konnte das Heer unter steten Verlusten 6 km (4 milia passuum) zurücklegen. Die gallische Reiterei drängte heftig nach, während die spanische den Pompejanern nicht den geringsten Vorteil verschaffte. Selbst die Kriegslist half nichts mehr, denn als die Pompejaner plötzlich ihr Lager wieder verliessen, sassen ihnen die gallischen Reiter doch gleich wieder auf den Hacken, und schliesslich mussten jene an höchst ungünstiger Stelle ihr Lager aufschlagen, das Cäsar dieses Mal mit ganz besonderer Sorgfalt bewachte. Um Wasser zu erhalten, schanzten sie nun die ganze Nacht und den Tag dazu, aber sie hatten sich in der Richtung getäuscht und mussten mit dem ganzen Heere ausrücken, um nur die dringendste Not zu lindern. Inzwischen baute Cäsar an einer Umwallungslinie, um sich gegen plötzliche Überfälle zu schützen, doch seine Gegner dachten nicht daran, sie wollten im ehrlichen Kampfe sich mit dem Feinde messen. Cäsar wich der Schlacht nicht aus, griff aber nicht selber an, und so unterblieb der Kampf; am Abend zogen beide Heere sich in ihr Lager zurück. An dem darauf folgenden Tage suchten die Pompejaner eine Furt im Segre zu gewinnen, aber Cäsar vereitelte rasch ihr Vorhaben; und nun waren alle Kräfte er-

schöpft, sie mussten sich dem Sieger auf Gnade oder
Ungnade ergeben. Die Kapitulation erfolgte am 2. August
des Jahres 705, an demselben Tage, an dem zwei Jahre
später Pharnaces bei Zela geschlagen ward.*)

Kritik der Spezialkarten.

Für den Schluss des Feldzuges gegen Afranius
und Petreius, vom Abmarsche der Pompejaner bis
zur Kapitulation, fehlen Terrainaufnahmen, wie sie
zum genauen Verständnis aller Einzelheiten notwendig
wären.**) Das schmale und wenig wegsame Dreieck
zwischen Lerida, Flix und Mequinenza hat
in der späteren Kriegsgeschichte nie mehr eine Rolle
gespielt und wird deshalb immer nur beiläufig erwähnt, eine ausführlichere Karte sucht man vergebens.

----

*) Fasti Amiterni (2. Aug.): Feriae quod eo die C. Caes. C. F.
in Hispan. citer. et quod in Ponto eod. die regem Pharnacem
devicit. Vgl. Corp. Inscript. Lat. I p. 324. Dieselbe Angabe,
ohne den Zusatz über Pharnaces, findet sich in den Fasti
Mafteiani und Fasti Antiates C.J.L. I p. 306 und p. 328. Ob
dieses Datum genau dem 10. Juni des Jahres 49 v. Chr. ent-
spreche, wage ich nicht zu entscheiden; jedenfalls kommt der
Ansatz der Wahrheit sehr nahe, weil dann die Überschwemmung
in die Mitte des Monats Mai fällt: die Zeit kurz vor der Ernte
ist für Catalonien der Ausgang desselben Monats. Vgl. Guischard a. a. O. II p. 323.

**) Die umfassenden Vorarbeiten, die Napoleon III. hat an-
fertigen lassen, sind nicht veröffentlicht worden; da inzwischen
zwanzig Jahre verflossen sind, ist ihr Erscheinen kaum noch zu
erhoffen.

Guischard gründet zwar seine eingehende und wohl-
durchdachte Darstellung dieser letzten Ereignisse auf
sehr detaillierte Zeichnungen des Terrains, die seiner
Untersuchung beigegeben sind, aber die Vergleichung
mit den späteren Aufnahmen zeigt, dass diese Karten
sehr unrichtig sind: sie geben von der ganzen Gegend
ein vollkommen falsches Bild. Schon die Entfernung
von Lerida bis zum Ebro ist falsch bemessen, denn
sie beträgt in Wirklichkeit 30 milia passuum, wie
v. Göler richtig bemerkt hat, nicht 20, der Text der
Commentarien steht also mit den gegebenen Verhält-
nissen im Widerspruch. Ausserdem ist aber nicht nur
die Lage der Ortschaften zu ändern, sondern auch der
Zug der Hügel- und Bergketten und demgemäss der
Lauf der Gewässer, kurzum die ganze Terraingestaltung.
Es ist natürlich, dass unter diesen Umständen Guischards
Untersuchungen trotz der scharfsinnigen Entwickelungen
im Einzelnen kein richtiges und haltbares Resultat liefern konnten.

Das Kartenmaterial, mit dem v. Göler arbeitete, ist
besser, aber längst nicht so gut, wie er selber glaubte.
Es ist richtig*), dass Guischard sich durch seine unge-
nauen Karten zu falschen Schlüssen hat verleiten lassen,
aber v. Göler macht an derselben Stelle denselben
Fehler, den er bei einiger Vorsicht hätte vermeiden
können. Für ihn bildet die Grundlage: Depôt de la
Guerre, Carte de la partie nord-est de l'Espagne, faisant
suite à celle de la Carte de la France par Capitaine,
continuée en 1822 et 1823. Diese Aufnahmen verdienen
keineswegs das Lob einer „vorzüglichen Karte," welches

---

*) A. v. Göler, Caesars Gallischer Krieg und Theile seines
Bürgerkrieges. Zweite Auflage von E. A. v. Göler, Tübingen
1880. II S. 55 Anm. 3.

ihnen v. Göler erteilt, sie sind zwar als Übersichtskarten
zu empfehlen, aber die einzelnen Blätter haben ungleichen
Wert und dürfen nur mit Kritik benutzt werden.*) Mich
wundert sehr, dass v. Göler die Unzuverlässigkeit des
betreffenden Blattes (Saragosse flle. 22) nicht selbst gesehen hat, da doch ein Vergleich mit Tafel No. 3 bei
Suchet den Fehler der französischen Generalstabskarte
sofort aufdeckt. Auf dem Blatte „Saragosse" laufen von
dem Bergrücken, der von la Granja östlich sich nach
Granadella hin erstreckt, zwei Hügelketten, einander
ziemlich parallel, nach Nordosten: die westliche bis Alfes,
die östliche bis Albages, dann verlieren sie sich in der
Ebene. Aus dieser Zeichnung hat v. Göler folgerichtig
geschlossen, dass das Wasser des dazwischen einge-
schlossenen Kessels nach Nordosten, der einzig offenen
Seite, abfliesse und in den Rio Sed münde. Dem wider-
spricht jedoch die Terraingestaltung von Alfes und Umgebung, die auf Suchet's Karte noch verzeichnet ist: es
fliessen nur kleine Rinnsale, die auf dem Abhange selbst
entspringen, ins Thal hinunter, aber kein einziger
grösserer Bach. Jener Kessel schickt also sein Wasser
nicht nach Nordosten, sondern, wie auch aus Stielers
Handatlas Blatt 40 hervorgeht, nach Westen, direkt in
den Segre. Also ist die Gebirgspartie am Segre auf
der französischen Generalstabskarte falsch dargestellt, sie
kann keine fortlaufende Kette von la Granja bis Alfes
bilden.

Vermutlich hat v. Göler den Fehler seiner Karte
nicht bemerkt, weil er bei Lucan den Nachweis zu
finden glaubte, dass die Pompejaner aus der Ebene in
diesen Kessel sich hineingezogen hätten. Lucan sagt
Pharsalia IV 157 ff.:

---

*) v. Roon a. a. O. S. XLVI.

Attollunt campo geminae iuga saxea rupes
Valle cavae media, tellus hinc ardua celsos
Continuat colles, tutae quos inter opaco
Anfractu latuere viae.

Da diese Beschreibung Lucans mit der Zeichnung
auf der französischen Generalstabskarte zusammenstimmt,
so folgerte von Göler, dass die Pompejaner in der Richtung auf Grannena abgezogen sein, ihr letzter Vorstoss
aber habe sich gegen die Höhen dicht bei la Granja
gerichtet. Er legt auf das Zeugnis des Lucan einen um
so höheren Wert, weil dieser, ein geborner Spanier,
wohl an Ort und Stelle gewesen sei.*) Dieser Schluss
ist übereilt. Lucans Heimatsort Corduba ist von Ilerda
etwa 600 km entfernt, also ungefähr so weit wie Tilsit
von Berlin, demnach ist bei ihm eine genaue Ortskenntnis
der Umgebung von Lerida nicht vorauszusetzen, ja sie
ist durch das Zeugnis der zweiten Vita,**) dass Lucan
als Kind von acht Monaten nach Rom gebracht sei, ausgeschlossen. Denn die Annahme, dass der Dichter in
seinem späteren Leben nach Spanien gereist sei, um
Lokalstudien anzustellen, findet in den Angaben der Vita
keinen Anhalt, und auch Sueton***) spricht nur von einer
Reise nach Athen. Wichtiger jedoch als diese indirekten
Beweise ist die Prüfung der Angaben, die Lucan sonst
über Lerida und Umgebung macht. Aus diesen Angaben
nämlich geht klar hervor, dass Lucan niemals an Ort
und Stelle war. Seine Beschreibung ist nicht allein so
verschwommen, dass die Herausgeber beim besten Willen

---

*) v. Göler a. a. O. II S. 56 Anm. 1.
**) Die Vita Lucani ex commentario antiquissimo wird dem
Grammatiker Vacca (6. Jahrhundert) zugeschrieben, ihre An-
gaben beruhen unzweifelhaft auf sehr alten und zuverlässigen
Notizen.
***) Reifferscheids Sueton p. 50—52.

sich nicht zurechtfinden konnten, sondern auch nachweislich falsch. Wer den kleinen Hügel zwischen Lerida
und Fort Garden gesehen hat, kann unmöglich sagen
(IV 37): miles rupes oneratus in altas nititur. Diese
Situation hat der Dichter frei erfunden, und danach sind
seine anderen Angaben zu beurteilen: sie dürfen weder
zur Unterstützung und Ergänzung noch zur Widerlegung
der topographischen Mitteilungen in den Commentarien
benutzt werden.

Das Dreieck zwischen Ilerda, Octogesa und der Segremündung.

Die einzigen Karten, welche wirklich als Grundlage für die topographische Untersuchung dienen
können, sind Blatt No. 40 aus Stielers Handatlas
(1:1 500 000) und die spanische Provinzialkarte Lérida
von Valverde (1:750 000)*); weder die Franzosen,
die doch sonst so viel zur genauen Kenntnis von
Catalonien beigesteuert haben, noch die Spanier selbst,
deren Landesaufnahmen in sehr langsamem Tempo
vorrücken, haben bis jetzt diesen Terrainabschnitt (er
fehlt auch bei Coello) in grösserem Massstabe dargestellt. Demgemäss kann natürlich die Beschreibung der
Gegend südlich von Lerida bis zum Ebro nur in groben
Zügen gegeben werden.

*) Valverde, Atlas geográfico descriptivo de la Peninsula
Ibérica Madrid. Edicion del año 1883. No. 40.

Schneider, Ilerda.   3

Im Südosten der Ebene von Urgel steigt bei Montblanch die Sierra de Prades steil empor, daran schliesst
sich im Süden die Sierra de la Llena an, die aber bald
nach Westen umbiegt und bis zur Segremündung in
dieser Richtung fortläuft. Somit bildet also der Rücken
dieses Gebirgszuges den südlichen Abschluss der Ebene
von Urgel und gleichzeitig, wenigstens zum grossen Teil,
die Grenzlinie zwischen den Provinzen Lerida und Tarragona. Der Südabhang fällt steil zum Ebro ab und lässt
bis Garcia hinunter, wo der Fluss sich nach Süden wendet,
für die Ansiedelung am Ufer keinen Raum; Fayon, Ribarroja, Flix und Ascó liegen auf dem rechten Ebroufer,
auf dem linken treten die kleinen Ortschaften Almatrét
und Mayals sehr bedeutend vom Flusse zurück. Viel
sanfter ist die ˙Abdachung nach Nordwesten, zum Segre
hin: ein hügeliges Plateau, von zwei parallelen Gewässern,
dem Rio Sed und dem Llobregós en Pino,*) durchschnitten,
setzt sich bis zum Flusse hin fort, gegen den die nicht
hohen, aber kahlen und felsigen Ränder steil abfallen.**)
Auf dem Plateau liegt eine nicht unerhebliche Anzahl
von Ortschaften, es sind aber bloss Dörfer und Flecken,
nur Granadella, von Albi ganz im Osten abgesehen,
macht eine Ausnahme: das ist eine Villa d. h. ein
Mittelding zwischen Dorf und Stadt***) mit 2023 Einwohnern. Eine Landstrasse giebt es nicht, nur schlechte
Karrenwege und Saumpfade vermitteln die Verbindung
zwischen den Ortschaften untereinander und mit den

---

*) So nennt Valverde in den Erläuterungen zu seiner Karte
den bei Juncosa entspringenden und etwas oberhalb la Granja
mündenden kleinen Fluss, der auf der Karte selbst, wie auch
bei Stieler, namenlos geblieben ist.

**) v. Roon a. a. O. S. 209.

***) Suchet, Mémoires I p. 58 Anm.: Villa est plus que
pueblo (village) et moins que ciudad (cité).

ferner liegenden Städten. Für diese Karrenwege ist
Granadella der Knotenpunkt (pueblo de etapa), von da
gehen die Wege nach den vier Himmelsrichtungen, nach
Flix, Fraga, Lerida und Réus, auseinander.*) Das
Terrain ist also nicht unwegsam: französiche Truppen-
abteilungen haben es während des Krieges 1808—1814
wiederholt durchschritten, aber es waren stets nur Fusstruppen und Reiter, die Artillerie ist nie in diese
Gegend eingedrungen. Als Suchet nach der Erstürmung
von Lerida gegen Mequinenza vorrückte, konnte er auf
dem linken Segreufer nur ein Infanterie-Regiment vor-
schieben, die Artillerie musste über Fraga dirigiert
werden.**) Daraus erklärt es sich, dass die aufstän-
dischen Truppen der Spanier aus dem Winkel zwischen
Segre und Ebro niemals ganz vertrieben werden konnten,
obwohl die Franzosen das Land ringsum schon völlig
beherrschten; die ortskundigen Feinde fanden immer
wieder neue Schlupfwinkel, aus denen sie plötzlich her-
vorbrachen, um bald eine schwache Besatzung niederzu-
metzeln, bald einen Transport auf dem Ebro zu über-
fallen. Gegen diese Vorteile des Terrains war die
Tapferkeit der Franzosen und die Umsicht ihres Führers
machtlos.

Ich hoffe, es ist mir gelungen auf Grund der ge-
nannten beiden Karten und mit Hilfe der beiläufigen
Bemerkungen, die in den kriegsgeschichtlichen Dar-
stellungen sich verstreut finden, ein zwar nur grobes,
aber doch richtiges und deutliches Bild desjenigen Land-

---

*) Vgl. die Karte von Valverde.

**) Suchet, Mémoires I p. 158 und 160. Auf dem linken
Ufer führt ein Saumpfad über la Granja de Escarp nach Mequinenza, man überschreitet den Segre der Festung gegenüber auf
einer Fähre. Vgl. Suchet, Atlas Blatt 6 und v. Roon a. a. O.
S. 234.

striches zu entwerfen, den die Pompejaner durchziehen mussten, um nach Octogesa zu gelangen.

Octogesa hat man früher vielfach für das heutige Mequinenza, die kleine Bergfeste zwischen Segre und Ebro, gehalten; die Lage dieser Stadt entspricht aber den Angaben Cäsars nicht, denn vom geraden Wege nach Mequinenza abgedrängt, der den Segre entlang führt, kann man nicht „mit veränderter Marschrichtung über die Berge" ebendahin gelangen. Suchet*) und v. Roon**) haben nur aus Versehen die alte Ansicht wiederholt, welche Guischard***) längst widerlegt hatte. Man findet bei ihm auf der 8. Karte Octogesa einge-zeichnet, dicht unter Mequinenza auf dem linken Ebro-ufer, doch geht aus den vorsichtigen Bemerkungen im Text hervor, dass er auf die Sicherheit dieser Angabe verzichtet. Anders v. Göler: er ändert die nachweislich falsche Lesart c. 61,4: Id erat oppidum positum ad Hiberum miliaque passuum a castris aberat XX um in XXX, und weil diese Entfernung ihn bis zum Flecken Almatrét führte, so erklärte er kurzweg diesen für Octo-gesa.†) Thatsächlich wissen wir von Octogesa weiter nichts, als dass es eine Stadt am Ebro unterhalb Mequi-nenza gewesen ist, deren Lage wir nicht bestimmen können; und das ist gewiss nicht auffällig in einem Lande, wo die verlassenen Ortschaften so häufig sind, dass man ein eigenes Wort zu ihrer Bezeichnung ge-bildet hat.††) Cäsar ist der Einzige unter den Alten,

---

*) Suchet, Mémoires I p. 159.

**) v. Roon a. a. O. S. 186.

***) Guischard a. a. O. II p. 82.

†) Dass dort für eine Stadt (oppidum) kein Platz sei, zeigt ein Blick auf die Karte.

††) Suchet, Mémoires I p. 44 Anm.: on dit un despoblado.

der Octogesa nennt, auch bei den Epitomatoren findet
sich der Name nicht.*) Eine Zeit lang glaubte man
unter den Bistümern, welche der Westgotenkönig Wamba
(672—681) errichtete, auch Octogesa wiederzufinden als
Ictogesa zwischen Lerida und Tortosa. Leider ist diese
Angabe, die in die deutsche Ausgabe des Forcellini auf-
aufgenommen ist, falsch: jenes Bistum heisst in den
Handschriften Ictosa, nicht Ictogesa**), und ausserdem ist
diese Notiz mit den sonstigen Nachrichten über die west-
gotischen Bistümer gar nicht zu vereinigen: Ictosa wird
in den Akten der Konzilien nirgends erwähnt und die
angegebenen Grenzen des Sprengels passen nicht in die
ganze Beschreibung. Florez hat sich damit begnügt,
diese Schwierigkeiten hervorzuheben, Masdeu***) aber hat
darum das Bistum Ictosa überhaupt aus der Liste der
tarraconensischen Bistümer gestrichen. Somit bietet also
auch die spätere Geschichte Spaniens nicht den geringsten Anhaltepunkt, um die Lage des alten Octogesa zu
bestimmen. Es fragt sich, ob nicht die Geographie uns
zum Ziele führt.

Die Wege in der Ebene ändern sich im Laufe der
Zeiten nicht selten, im Gebirge jedoch sind dieselben
von der Natur vorgezeichnet und, wenn nicht eine
Kunststrasse erbaut wird, durch welche man die natür-
lichen Schwierigkeiten beseitigt, so zeigen sie selbst
nach Jahrhunderten kaum die geringste Wandelung.
Darnach ist es wahrscheinlich, dass der Weg, den die

---

*) Dio Cassius XLI 22,1 sagt auch nur ὁ οὖν Ἀφράνιος . . .
ἀναχωρῆσαι πρός τε τὸν Ἴβηρα καὶ πρὸς τὰς ἐκεῖ πόλεις ἔγνω.

**) Florez, España sagrada. Theatro geographico-historico
de la Iglesia de España. Madrid 1756. IV p. 238.

***) Masdeu, Historia critica de España. Madrid 1792. XI
p. 184.

Pompejaner einschlugen, um über den Ebro zu setzen,
derselbe Karrenweg ist, welcher noch heute von Lerida
über Sudanell, Torres de Segre, Alcano und Granadella
nach Flix führt, zumal da dies die einzige Verbindung
zwischen Lerida und dem unteren Ebro ist, denn die
Strasse über Montblanch geht zur Küste, nach Réus und
Tarragona. Ist nun Granadella der Uebergangspunkt
über das Gebirge gewesen, den die Pompejaner zu erreichen strebten, so ist damit auch die Lage von Octogesa fest bestimmt, denn von Granadella führt nur ein
einziger Weg zum Ebro, nach Flix. An dieser Stelle
war, wie ich glaube, die Schiffbrücke erbaut, und es
scheint mir eine Bestätigung dieser Annahme zu sein,
dass die Franzosen dort wiederholt den Ebro überschritten haben[*],) niemals aber weiter oben bis Mequinenza hin.[**]) Ich will nicht unterlassen hinzuzufügen,
dass v. Gölers ansprechende Vermutung c. 61,4 statt XX
zu schreiben XXX auch für diesen Fall zutrifft, Flix ist
von Ilerda genau 45 km entfernt (= 30 milia passuum),
hat aber vor Almatrét den Vorzug, dass es wirklich am
Ebro liegt; es ist heute eine Villa mit 1914 Einwohnern.

Nur mit geringer Zuversicht vermag ich die Vermutung auszusprechen, jenes Defilee, dessen Besetzung
den Weg nach Octogesa sicherte und von dem Cäsar
die Feinde durch Umgehung abschnitt, sei die Gegend
dicht bei Granadella. Es steht zwar dieser Ansicht, so
viel ich sehe, nichts gerade entgegen, aber die Karten

---

[*]) Suchet, Mémoires I p. 209 und p. 111.

[**]) Aus diesem Grunde halte ich die Möglichkeit, an Ribarroja zu denken für ausgeschlossen. Der Baron Stoffel, der für
Napoleon III. das Terrain aufgenommen hat, schwankte, wie
mir Herr Prof. Kiepert nachträglich mitgeteilt hat, zwischen
Ribarroja und Flix.

sind doch für diese Bestimmung bei weitem nicht ausführlich genug. Ich begnüge mich deshalb mit der Be-
merkung, dass in diesem Falle der letzte unglückliche
Vorstoss der Pompejaner gegen Llardecans sich richtete; die Kapitulation erfolgte nicht weit vom Segre.

Rückblick.

Überblickt man zum Schlusse noch einmal den Gang
dieses Feldzuges, der über Spanien entschied, denn
Varros Niederlage war nach dieser Kapitulation unver-
meidlich, so bemerkt man leicht auf pompejanischer
Seite eine Reihe von Fehlern, die den beiden Feldherrn
Afranius und Petreius zum Vorwurf gemacht werden
müssen. Die Besetzung der Pyrenäen war wohl nicht
mehr möglich, so scheint es wenigstens, aber mit fünf
Legionen liess sich in dem günstigen Terrain des oberen
Cataloniens der Vormarsch des Fabius gewiss aufhalten,
man brauchte ihm den Eintritt in die Ebene von Urgel
nicht zu gestatten. Noch leichter war es, die grosse
Proviantkolonne aus Gallien abzufangen, denn wenn auch
das blinde Dreinfahren der spanischen Reiter, die hier
das einzige Mal und sehr zur Unzeit Mut zeigten, den
ersten Streich vereitelte, so konnte man doch sicherlich
auch dann noch mit drei Legionen jene schwache Bedeckung bezwingen. Die Unentschlossenheit, die sich
bei dieser Affaire zeigt und die ganz besonders in den
Tagen vom Abmarsch bis zur Kapitulation hervortritt,

scheint mir den Zwiespalt zwischen den beiden Feldherrn anzudeuten, wodurch der Erfolg aller Massregeln
vernichtet wurde. Die alte Kriegsregel, welche Scharn-
horst im Kriegsrate des preussischen Hauptquartiers zu
Erfurt vergebens wiederholte, es komme im Kriege viel
weniger darauf an, was man thue, als dass es mit ge-
höriger Einheit und Kraft geschehe, wurde von den
Pompejanern mehr als einmal verletzt. Man darf die
Schuld nicht auf einen Einzelnen wälzen, wie sehr auch
der Schein gegen Afranius sich richtet, denn es ist zu
vermuten, dass der vorsichtige Afranius zuerst an den
Rückzug hinter den Ebro dachte und dass Petreius diesen
Ausweg so lange für schimpflich erklärte, bis es zu
spät war. Hätte man Lerida zwei Tage früher verlassen, ehe also die Furt passierbar war, und die Schiffbrücke bei Octogesa liess sich doch gewiss auch schon
früher fertig stellen, so war Cäsar genötigt, den Krieg
hinter dem Ebro von vorn anzufangen, der halbe Som-
mer war für ihn verloren. Ist diese Annahme richtig,
und sie wird wohl richtig sein, da sie dem Charakter
der beiden Feldherrn völlig entspricht, so hat auch
Petreius an der Niederlage seinen vollen Schuldanteil,
den seine persönliche Tapferkeit nicht aufhebt. Den
frechen Vorwurf der pompejanischen Heisssporne, Afranius
habe seine Legionen verraten, wird kein Unbefangener
zu wiederholen wagen.*) Grundlos ist auch die Behaup-
tung, dass die Unzuverlässigkeit der Truppen Cäsars
Sieg erleichtert habe; die Legionen liessen sich wohl
einen Augenblick von Cäsar verleiten, aber sie kehrten
rasch zur alten Treue gegen Pompejus zurück und

---

*) Afranius nahm an den Schlachten bei Pharsalus und
Thapsus teil, floh dann nach Spanien zurück, wo er den Cäsa-
rianern in die Hände fiel und hingerichtet wurde.

liessen sich durch die Milde des Siegers nicht abhalten, scharenweise den Fahnen des Pompejus wieder zuzueilen. Die Kriegsgeschichte lehrt, dass derartige Unfälle im Kriege fast nie den Truppen zur Last fallen, sondern durch die Fehler der Generäle herbeigeführt werden, deren unglückliche Opfer die Soldaten sind*) Nur die spanischen Reiter thaten, wie schon mehrfach hervorgehoben ist, nicht ihre Schuldigkeit.

Von gewichtigen Beurteilern ist der ganze Kriegsplan der Pompejaner, Ilerda zu halten, da doch die Pyrenäen schon verloren waren, getadelt worden. Mommsen sagt (Röm. Gesch. III⁴ 381): „Für eine Armee, die sich musste belagern lassen, war es eine vortreffliche Stellung; aber die Verteidigung Spaniens konnte, nachdem die Besetzung der Pyrenäenlinie versäumt war, doch nur hinter dem Ebro ernstlich aufgenommen werden, und da weder eine feste Verbindung zwischen Ilerda und dem Ebro hergestellt noch dieser Fluss überbrückt war, so war der Rückzug aus der vorläufigen in die wahre Verteidigungsstellung nicht hinreichend gesichert." Mir scheint gerade aus dieser Versäumnis, den Rückzug von vornherein zu sichern, hervorzugehen, dass die Stellung bei Ilerda eben nicht als eine vorläufige gedacht war, sondern dazu dienen sollte, Cäsars Einmarsch und Vordringen völlig zu verhindern. Die pompejanischen Legaten stellten ihren Kriegsplan fest, als L. Vibullius Rufus nach Spanien gekommen war, und der war von Pompejus dahin abgeschickt,**) es ist also wohl anzunehmen, dass der Entschluss, bei Ilerda Stellung zu nehmen, auf den direkten Einfluss des Pompejus zurückzuführen ist, der in Spanien sehr gut

---

*) Guischard a. a. O. II 301.
**) c. 38,1.

Bescheid wusste. Und ich meine, der Plan macht
seinem Feldherrntalent alle Ehre, so sehr auch der Erfolg dagegen spricht, denn die Umstände, welche den
schlimmen Ausgang herbeiführten, darf man ihm nicht
zurechnen: bei einheitlicher und sicherer Leitung im
pompejanischen Lager wäre es gewiss anders gekommen.
Mir scheint die Stellung, welche Afranius und Petreius
bei Ilerda einnahmen, derjenigen sehr ähnlich zu sein,
durch die Pompejus selbst in den Tagen vor der Schlacht
bei Pharsalus die cäsarischen Truppen hinhielt, eine
sichere Defensive, die aber jede freie Bewegung des
Feindes vollständig hemmt. Ein Kampf unter gleichen
Bedingungen wird gemieden, der Verteidiger wartet ge-
duldig, bis der Gegner sich einmal eine Blösse giebt,
um dann mit überlegenen Kräften aufzutreten. Der Plan
gelang nur einmal, bei Dyrrachium; bei Pharsalus ver-
darb ihn die Ungeduld der Parteigänger, hier bei Ilerda
die Unsicherheit der Legaten und Cäsars überlegenes
Genie. Diesen letzten Faktor kann man nicht berechnen,
und daran scheiterte schliesslich die Kunst des Pompejus, weshalb sie leicht geringer erscheint, als sie ist.
Wie Pompejus urteilte auch v. Roon*) über die Stellung
diesseits des Ebro: „eine Invasion auf der Segrestrasse
würde eine grosse, nicht nur materielle, sondern auch
moralische Überlegenheit von Seiten des Angreifers vor-
aussetzen; derselbe muss des Sieges gewiss sein, oder
sein Spiel steht höchst schwankend: denn eine im Innern
des Landes, etwa in der Gegend von Lerida, erlittene
Niederlage würde nicht allein die ganze Eroberung ge-
fährden, sondern auch, bei dem davon unzertrennlichen,
fortgesetzten, tagelangen Rückzuge durch die schwierigen
Defileen des Segre-Thales, notwendig den völligen Ruin

---

*) v. Roon a. a. O. S. 297.

der Invasions-Armee herbeiführen." Danach war also
die Rechnung des Pompejus vollkommen richtig, aber
gegen ihn kämpften Cäsar und das Glück, das seine
Freude daran zu haben scheint, geschickten und unter-
nehmenden Feldherrn zu helfen, wie der Vertraute Friedrichs des Grossen sagt.*)

---

*) Guischard a. a. O. II 123.